하준호 창작 시집

그래도 나는 시를 쓴다

하준호

하준호 창작시집

그래도 나는 시를 쓴다

초판 인쇄일 2025년 10월 1일
초판 발행일 2025년 10월 1일

지은이 하준호
펴낸이 장문정
펴낸곳 도서출판 그림책
디자인 이정순 / 정해경
출판등록 제2010-000001
주소 경기도 수원시 영통구 이의동 웰빙타운로 70
연락처 TEL 070-4105-8439 (010)2676-9912
E-mail : khbang21@naver.com

그래도 나는 시를 쓴다

하준호

그래도 나는 시를 쓴다

- 하준호

1976년 오월, 열두 살 어린 나이에 서울 외곽 말죽거리에서 집을 떠나 홀로 남겨졌습니다. 당시 우리 사회는 빠르게 성장하고 있었지만, 대부분의 사람들에게는 여전히 가난과 혼란이 가득한 시대였습니다.

나는 제대로 한글도 깨치지 못한 채 하루하루를 버텨야 했습니다. 처음 시작한 사회생활은 구두닦이였죠. 다방, 사무실, 미용실 등 구두를 신는 부자들이 모이는 곳이면 찾아가 구두를 닦았습니다. 하루 할당량을 채우지 못하면 폭행을 당했고, 겨울에는 옷을 벗기고 옥상으로 끌려가 맞기도 했습니다. '이건 아니다' 싶어 무작정 남산으로 도망쳤습니다. 그곳에서 구두닦이는 하지 않겠다고 다짐했지만, 갈 곳도, 잘 곳도, 먹을 것도 없었습니다.

배고파서 울고, 추워서 울고, 밤이 무서워 울었습니다. 그러다 우연히 중국집에서 배달 일을 하게 되었습니다.

어느 날 오후, 배달을 마치고 돌아오는 길에 수북이 쌓인 쓰레기 더미에서 소설책 한 권을 주웠습니다. 일과를 마치고 허름한 창고방에서 찢어진 표지, 얼룩진 종이, 낯선 문장들로 가득한 그 책을 밤새 읽었습니다. 그때 난생 처음 한글을 배우고 싶다는 꿈, 언젠가 나도 글을 쓰는 사람이 되고 싶다는 꿈을 꾸게 되었습니다.

다음 날부터 아침 일찍 단무지를 썰고, 양파를 까고, 해물을 다듬고, 홀 청소와 배달, 늦은 밤까지 일했지만, 한 글자 한 글자 읽고 쓰는 즐거움에 하루하루가 행복했습니다. 한글을 알고 난 후, 책을 통해 세상을 배우는 기쁨을 누리게 되었습니다.

열여덟 살 되던 해, 부모님과 형제를 다시 만났지만 또다시 중국집과 공장을 전전해야 했습니다. 가족의 설득으로 성당 야간학교에 다니며 초등학교와 중학교 검정고시에 합격했습니다. 성당 신부님 소개로 만난 누나가 『노동의 새벽』이라는 책을 선물해 주었는데, 그 책을 읽고 사회에 대한 분노와 저항 의식이 커졌습니다.

그 당시 거리에서는 군부독재 타도 시위가 연일 이어졌고, 나는 자연스럽게 그 물결 속으로 들어갔습니다. 백골단과 마주했고, 최루탄에 눈이 매웠으며, 사복 경찰에게 붙잡혀 곤봉으로 얻어맞고 군홧발에 짓밟히기도 했습니다.

매일 같은 헬멧을 쓰고, 같은 작업화를 신고, 같은 땀을 흘리며 살아왔습니다. 마음 한쪽이 늘 불구가 된 것 같았습니다. 가정을 꾸리고 세 아이를 키우면서 비로소 저 자신을 돌아보게 되었고, 특히 큰딸은 나에게 큰 힘이 되어주었습니다.

이 시집은 뒤틀리고 부서진 삶 속에서 움튼 이야기들입니다. 누구에게도 소리 내어 말할 수 없었던 마음, 울음과 분노, 그리고 한글을 알고 난 후 가슴에 쌓아둔 사연들을 하나하나 꺼내어 보았습니다. 글을 쓰고 싶은 갈망은 어느 날 갑자기 생긴 것이 아니라, 오랜 시간을 버티고 살아남은 끝에 찾아낸 삶의 방식입니다.

나는 지금도 글을 씁니다. 고된 노동으로 피곤한 밤, 다리가 저린 새벽에도 글을 놓지 않습니다. 이 글들은 다른 사람에게 보여주기 위한 것이 아니라, 나 자신을 붙잡아주는 작은 숨통이기에…

부디 이 시집이 세상 끝 가장자리에서 버티는 이름 없는 서민들의 가슴에 작은 위로와 용기가 되었으면 좋겠습니다. 결국 나를 시로 이끌어준 것은 사람입니다. 이 책을 들여다보는 당신에게 조심스럽게 말을 건넵니다.

여기, 당신과 나의 이야기가 조금은 닮아 있기를 바란다고.

2025년 여름
- 하준호

하준호 창작시집

그래도 나는 시를 쓴다

2부
가족이라는 이름으로

3부

나에게 길을 묻는다

1부

새벽, 인력사무소에서

꽃들의 향연

여기는 그늘이 없다
오롯이 태양만 이글거리는
공사 현장

간절한 물 한 모금으로
목마름을 달래며
뜨거움에 저항하는
꽃들의 춤이 시작되는 곳

하루 일당이
태양의 시간으로
피어오른다

비가 오면 헛하루가 되기에
꽉 찬 하루가 모여
딱 들어맞는 25공수일 때,

예쁜 내 텃밭의 꽃들에게
시원한 물도 줄 수 있으니

오늘

모두에게 똑같이 주어진 하루
어떤 이에게는 행복으로 가득한
오늘이지만
또 다른 이에게는 견디기 힘든 지옥 같은
하루일 테지

나의 오늘은 끊임없이 쏟아진 장맛비 아래
뜨겁고 습한 공사 현장의 열기 속에서
숨이 막혀 오는 그런 하루였다
발주처, 시행사, 전문 건설업체,
그 아래 하청업체,
그리고 그 밑에 작은 사장들
맨 아래에 나와 동료들이 있다

정해진 공사 금액 안에서
종일 땀 흘려야 겨우 한 공수를 채우고
감사해야 한다는 말 없는 압박 속에서
그래도 나는 감사하는 마음을 품고
서민 중의 서민으로
가정을 지키는 남편으로
아내와 함께하는 따뜻한 저녁을
조용히 상상해 본다

힘들다, 정말 힘들다

세상살이 왜 이렇게 복잡한 걸까
어떤 길로 가야 할지 몰라
속이 울렁이고 두려움에 막막하다

먹고 살기 위해 눈앞의 일을 놓을 수 없지만
마음은 자꾸만 무너지려 한다

다른 사람들은 모두 잘 사는 것 같고
나는 부서진 유리창처럼 깨져 있다
길바닥에 흩어진 흉물처럼 느껴진다

그래도 용기를 내보자
더 나은 내일을 위해

건설

내가 사는 동네에는
봄이 오지 않아요

겨울이거나 여름이거나
온화한 봄볕을 기다려도
늘 그렇듯 여름이거나 겨울이기만 하죠

더위와 땀 냄새가 뒤섞이고
추위와 퀴퀴한 묵은 냄새가 스며든
그 속에 번듯한 새 건물이
위풍당당하게 웃고 있으니,

우리 동네에도
언젠가는 봄이 오길

요술

건설현장 하청업체가
일용직 노동자에게
퇴직금 주기 싫어
묘수를 부리지요

기상천외한 마법,
한 달 쉬었다가
다시 오랍니다

어떻게 해야 할까요?
회사 뜻대로
살아야 한다고 하네요

안 그러면 혹독한 겨울이
우리 집 부엌에 찾아와
아무렇지 않게
눌러앉을 테니까요

이게 다
독특한 건설현장
퇴직정산서입니다

나의 현실

입은 있어도
불법, 불법, 불법의 소리가 들려와도

두 눈 똑바로 뜨고
세상을 바라보았지만
나는 여전히
모르는 척할 뿐이었습니다

목사의 설교에,
도덕 교사의 세뇌에,
언론의 교묘한 장난에
가슴은 움츠러들고
기죽어 살아갔지요

그래서는 안 되는데

부조리로 가득한 사회 앞에서
못 본 척, 못 들은 척하며
그저 묵묵히 가슴 깊이
묻어두었을 뿐

그렇게
나이만 허공에 쌓여가네요

어쩌지?

하루 일당
못 채운 달력
가난의 공포가
가슴을 짓누른다

뭐라도 해보려고
알바몬을 뒤적여 보고
고용센터도 기웃거리고
지출을 줄이고

지하 바닥으로
뚝 떨어진 자존감
멍든 가슴을
달래줄 희망의 노래를 불러본다

"언젠가는
좋은 날 오겠지"

하루 일당 꽉 찬 달력을
그려본다

헛된 꿈이 아니길

안되겠어

쇳덩어리가 지글지글
곱디고운 살결을 태운다

살짝살짝 불어 오는 바람도
벌겋게 달아오른 철골 기둥에
부딪혀 맥없이 무너져 내린다

일당쟁이의 작업복이
하얀 소금을 뿜어낸다

이대로는 더 버틸 수가 없다
산 입에 거미줄을 칠 수도 없으니

도둑질이라도
크게 한탕해서
집에 두둑하게 돈다발 쌓아놓고
감옥을 가든가
확 죽어버리든가

내일은 휴무

2주 연속 작업하고
내일(일요일)은 포괄 임금제로 일당 없는 휴무

오늘 토요일 늦은 밤
아내와 함께 당진으로 가서 드론쇼 보며
쌓였던 스트레스 훌훌 털고

맛난 음식 먹고
저녁 바닷길 따라 손잡고 걷자고
서로에게 위로하고
"고마워"라는 말 한마디 건네며
내일은 그저 잠만 자리라

월요일부터는 다시
거칠고 험한 산업 현장으로 돌아가
투박한 한숨 속 일상으로

'나만 살아남으면 되나'
모든 노동자가 다치지 않고
죽음 없이 하루를 마치길

파도 치는 검은 바다

건강

긴 밤, 긴 한숨
동트는 새벽에 태양이 먹구름에 가리고
서쪽 바다 끝
붉은 해가 드러눕고
시간은 바람에 실려 어디론가 사라지고
추울 때나 더울 때나 공사 현장에서 들려오는
웅성거림은 심장의 박동 소리
부단한 노력으로 견디어 온 삶의 끝
온몸 골병 되어 하루하루 병원살이
내일만큼은 병원 안 가고
저 들녘
꽃 피는 소리 들으러 가야겠다

노동자로 살아야 한다는 준엄한 현실
마주 앉은 겨울바람 이겨내어
봄 오는 그날까지 몸부림치며
설령 그 봄마저도
온몸 아프게 다가올지언정
살아내야 한다
온 세상 푸르게 피어오라
향기로운 꽃 맞으러

꿈

농민들의
밀짚모자가
소중해야 하고
노동자들의
망치 소리가
우렁차야 하고
한 해의 농사로
농민들 마음에
풍성한 기쁨이 넘쳐나고
내년의 근로조건이
올해보다
더 좋게 개선되어
노동자들의 기쁨이 있어야
해마다 기쁨이 넘쳐
덩실덩실 어깨춤을
모두 다 함께 살아볼 만한 세상

공장의 심장소리

우리 청춘은 컨베이어 벨트 위
잠 못 이루는 밤샘 기계 소리
손끝으로 주름 잡힌 달력처럼
철야는 쇳물로 굳어갔네

토요일은 강철 옷을 벗고
부평 거리를 흐르는 등잔불에
공순이 치마폭이 피어날 때
공돌이 구두 굽에 별이 탔네

추억은 녹슨 볼트처럼
한 치 앞도 돌리지 못했지만

신문 한켠에 박힌 피켓 글자
"나의 소년공 사랑합니다"

망치로 두드린 심장 소리가
공장 천장을 뚫고 흐르네

이제 우리 침대 맡에 걸린
금속 냄새 배인 작업복이
세월을 견뎌낸 훈장처럼
지구를 돌리는 힘이 되네

어쩌자고

어제 아침부터 더웠다
초여름인데 땀이 소낙비 되어
온몸을 적신다

철골 상부, 빔 타고 곡예를 한다
뜨거운 열기가 불을 뿜어낸다

그늘도 없고
내리쬐는 크레인
발주처 간부와
시공사 간부가
하청 업체 소장을 쪼아대니
제일 말단 노동자는
목숨과 너위 속에서 고군분투한다
턱밑까지 차오르는
삶의 끈을 부여잡고

벌써부터
더위와 진땀 승부를 하기에는
올여름이 무섭게 다가온다

비 오는 날

빗방울이
근로계약서 위에 떨어지고
빠르게 사라지는
내 일당 공수 노트

우산 쓴 출근카드
젖은 신발끈을 묶다
현장 문턱에서 미끄러진다,
아침 7시

"오야지" 고함 소리가 철판을 두드릴 때
크레인 암이 하늘을 가르며
떨어뜨리는 빛의 파편들

그 속에 내 일당이 박혀
엉엉 울어댄다

노동의 땀이
빗물과 합류해
급여 명세서와 장부의
자욱한 흙먼지를
깔끔히 집어삼킨다

싸움

새벽을 밝히던 빛은 어둠 앞에 무릎 꿇고
저녁이 오자 그 빛조차 깨어진다
골목 어딘가, 울분 섞인 욕설이 불꽃처럼 타오르고
거칠어진 몸짓이 숨겨진 분노를 쏟아낸다

힘없는 자는 엎드리고 붉은 피는 메마른 땅을 적시며
살아 있는 아픔을 외친다
어둠은 사라진 이성 대신 본능을 풀어놓고,
골목은 꿈틀거리는 야수의 굴처럼 변한다

그때, 사이렌이 찢고 지나가고
욕설은 바람처럼 흩어지고 격렬하던 싸움은 사라져간다

가로등 밑에 남겨진 건 담배 연기와 빈 술병뿐,
침묵이 짙게 내려앉는다

늦은 밤, 빛을 잃은 경찰의 그림자는
무거운 고요 속에 사라지고,
어둠은 다시 자기 왕국으로 돌아간다

그리고 내일, 새벽의 빛은 어둠을 넘어설 수 없음을
아픈 몸짓으로 말할 뿐이다

체불 임금

급여일 매달 15일
퇴근 시간 무렵
오늘 급여 지불이 불가능하다고 한다

어처구니없지만 따져볼 수가 없다
혼자 나서기도 쉽지 않다
누가 나서지도 않는다
모두 주뼛주뼛하기만

두 달째다
이달 말에는 꼭 준다고 하니
혹여 섣불리 따졌다간
그나마 일자리를 잃을 수도 있다

저마다 한마디씩 하기는 하나
허공의 메아리

노동의 시간

중 함마가 긴 숨을 토해내는
꼭두새벽 잠든 새들을 깨우네
철골 틈새로 햇살이 파고들어
노동자 등줄기에 짠 내음 향기
한 땀 한 땀 쌓인
굴곡진 데크판 위를
아슬아슬 밟는
낡은 안전화 소리

도시의 갈비뼈를 맞추는 손길들
서로 다른 사연들 가슴에 쌓아두고
빼앗긴 수레바퀴를 되찾고자
기름 냄새 속에

무질서하게 놓여진 깔판 위에
걸터앉아 전하는 체온이
점심시간의 황홀한 교향곡

몸에 밴 기계 오일의 끈적함이
저녁노을에 녹아내릴 때
공구함 속에 잠든 공구들이

철야의 별자리를 덕지덕지
때 묻은 시멘트 벽에 그려놓고

우린 미완성 다리를 건너며
내일의 난간을 손으로 만들어 간다

해가 지면
도장 찍힌 손금 속에
또 다른 세상이 피어올라
노동자가 만든 빛의 언어로

철판 위에 새겨진 노동의 각인들이
어둠을 밀어내는 지렛대가 되어

몸의 상처투성이와 맞바꾼
건물이 완성되어질 때
뼈 속까지 전율이 온몸에

여름 풍경

빗물 소리가
더위에 지친 작은 골방 창문 너머로
시원하게 스며든다
요란한 빗방울들이 잠을 깨우고
시계를 보니 새벽 네 시 십이 분
출근 준비할 시간인데 전화벨이 울린다
수화기 너머로 들려오는
현장 반장의 목소리, "오늘 쉼"

출근하면 일당의 0.2를 벌 수 있는데,
회사 식당의 아침밥도 먹을 수 있는데
오늘 하루 '공치는 날'
어제 마셨던 미지근한 생수 한 모금으로
아침 허기를 달래고 다시 누워 눈을 감는다

머릿속은 걱정과 생각으로 어지럽고
빗소리는 쉬이 멈추지 않아 잠을 뺏는다
한 달 30일 중 스무 날이나
일을 못할 수도 있다는
장마 예보가 마음을 무겁게 누른다
기상청은 하루 종일
비가 내린다고 하니
비가 내린다고 하니

건설 달력

콘크리트 숨결로 적힌
6일간의 혈액 순환
월차 1일은 근로기준법 속 미사여구

무너진 임금의 모래시계
한 알의 휴식이면
전체가 무(無)로 빨려드는
포괄이라는 블랙홀

철망 사이로 주워 담은 휴일 조각들
햇살에 녹아내리는 근육의 녹
타인의 눈물로 씻는 손금
친구의 숨소리로 메우는 폐활량
가족의 주름살에 새기는 이름

이 모든 것이 크레인 그림자 아래서
시멘트로 굳어버린
대한민국의 뼈대 속
공기 중에 흩어지는 미완성 청사진

오늘도
건설 현장으로 일하러 가야 한다

별일 이네

내가 알기론 똑똑하고 범상한 애들이
유명한 대학 가고
걔들이 판, 검사, 의사, 대학교수 되고
정부 기관, 대기업 취업하고
훗날 구청장, 시장, 국회의원, 장관, 대통령 되더군

그렇지 못한 애들은 중소기업 취업하고
간혹 별종이 있기는 하지만
내가 아이 셋 키워보니 알겠던데

우리 아이들 별 재능 없고
유명 학원, 비싼 학원 보내지는 못했지만
동네 국영수 학원 꼬박꼬박 보내도
그리 공부 시원찮고
한 놈은 4년제 대학
두 놈은 2년제 대학
별 유망하지 않은 회사 취업해서 그렁그렁 살고

내 자식들 그렁그렁 살아서 하는 소리가 아니고
남 자식 잘 돼 부러워서 하는 소리도 아니고

세상 이상하지
참 이상하지

뉴스 메인을 크게 장식하는 굵은 사건들 보면
똑똑했던 범상한, 유명 대학 나와
사회에서 한가락 하던 애들이
한 스펙 자랑한 걔들이더군

내 아이들 똑똑하지 않고 평범해
그렁그렁 살아서 좋다고 해야 하는 건지
그래도 뉴스 메인에 쪽팔리더라도 나와야 하는 건지
어떤 것이 옳은 건지
도무지 분간 못 하겠네

돈 많고 빽 있고 게다가 똑똑하고
범상한 자식을 길러내신 부모님들

내 아이들에게
남 괴롭혀 밥 먹고 살지 마라
말할 수 없는

위선의 애비

건설 노동자

새벽 하늘
소음과 뿌연 흙먼지
덤프트럭, 레미콘
철근공의 힘줄, 벽돌공의 거친 숨
하나하나 쌓아 올리는 땀방울

뜨거운 뙤약볕
나는 일어서야 한다
모진 결심, 지친 마음 굳세게
동료들과 함께 나눈 웃음들
뒤편에 숨은 많은 사연들

비가 오면 비를 맞고
눈 오는 날이면
서로의 온기를 느끼며,
거친 숨결로 만들어지는 세상
하나의 집, 하나의 미래

이 땅 위에 우리의 흔적을 남기며
하늘을 향해 한 걸음 더 나아간다
보이지 않는 곳도
우리의 열정으로 빛나리라

새해 첫날

연휴 첫날, 강원도 석재 공장
고향 깨복쟁이 친구들 두고
2인 1조 근무는 국가의 약속인데
홀로 일하다
어처구니없는 안전사고
거부권을 행사할 수 없는
자본의 힘에 깔려 죽었다

매일매일 주말 없이
하루 24시간 돌아가는 자본의 패악질
끝을 알 수 없는 죽음과 사고
설날 아침, 흰 서리 깔린 들판
고향집 굴뚝에 새어 나오는 연기가
하늘을 향해 자유를 찾아 날아간다

자본의 악랄함
현장에서 죽어 나간 노동자들
빈 상 위에 촛불 하나, 막걸리 한 사발
가슴이 아파 온다

머리 숙여
기도도 올리지 못하고

실직 후

5개월째
통장 잔고는 비워가고
자존감은 바닥 찍고
머릿속은 하얘진다

매달 받았던
급여 알람 소리가
들리지 않아 불안하다

월급의 노예로
살아온 지 40년 넘었는데

이제 자유라고 외쳤던 5개월 전
늦잠도 자고 게으름도 부려보고
하고 싶었던 것 실컷 해보리라 했는데
하루하루 지나면서
월급의 노예가 그리워지는
까닭은?

퇴근길의 편지

발끝으로 전해지는 쇳소리
숨결이 옹벽을 기어오르네
건설 일용직 종이 위에 찍히는 바코드
매일 같은 각도로 굴절되네

손끝의 굳은살이 말하는 법을 배운 지 오래
우악스럽고 투박한 손과 발
상처 난 파편들이 내 몸에 쌓일 때
나는 비로소 무게를 잃어버리네

휴게실의 커피는 시계 초침보다 빨리 식지만
그 속에 담긴 뜨거운 온도계 눈금 하나
우리 집 창문 너머 들어올 거란 희망

퇴근 버스 창가에 몸을 맡기면
몸속에 가라앉은 먼지와 소음들이 별처럼 빛나죠
오늘도 내 작업복 주머니엔
잠들지 못한 미래가 주름진 수면 위를 떠다니고

밤이 깊어갈수록
건설 현장의 그림자는 점점
제 몫의 빛을 되찾아갑니다

겨울 아침 출근길

영하 5.6도 새벽 5시 35분
아침밥을 거르고 집을 나선다
체감 온도 영하 13도
겨울 바람이 얼굴을 때린다
순간 멍해진 얼굴을 감싸고
목을 쑥 집어넣고 어깨를 움츠렸다

누군가가
한 덩이 얼음을 내 입 속으로 넣으려 한다
장갑 낀 손으로 입을 막았다
지하도 계단을 뛰어 내려갔다
6분 47초간
숨 쉴 틈 없이 동장군과
싸움을 하다 전철을 탔다

일요일 밤

냉동실 얼음을 꺼내어
아이스 커피를 만들었다

햇빛이 싫어
내려놓았던 블라인드를 올리니
앞집 주방의 풍경이 보인다

소파에 누워 TV 보다가 유튜브를 보았다

주말에 꺼놓은 알람을 켰다
몇 시간 남지 않은 여유를 누린다

월요일 출근을 위해
블라인드 내리고
혼자 떠드는 TV 끄고 핸드폰 닫고
전등 불 끄고 침대에 누웠다

빈 손으로 돌아오늘 길

아침 7시 인력 사무실을 나왔다
더 이상의 기다림은 허사이다

내일은
더 일찍 나오리라 결심해 본다
내일은 반드시 일해야 하는데
긴 한숨만 토할 뿐

애들 엄마는 출근하고
아이 셋도 학교 가고

혹여 일하지 못하고 돌아올
남편 위해
아침 밥상을 차려 놓은 아내

밥상 앞에 앉아
꾸역꾸역 밥을 먹었다

새벽

어제 입었던 흙먼지 둘러쓴 작업복 입은 채로
일할 곳을 찾아 나선다
인력사무실

헝클어진 머리, 숙취한 얼굴
추위가 절정인 어슴푸레한 새벽
양손을 바지춤에 넣고
검게 얼어버린 귀를 세워본다
놓칠 수 없는 긴장된 시간

밤잠을 못 잔 듯한 노동자 한 명은
의자에 앉아 코를 곤다
일터로 가려는 삶의 끝에 매달린 노동자들의
웅성거림에도 깊은 잠에 빠진 노동자, 가슴이 아프다
총무의 목소리가 바빠졌다

건설 일용직 노동자 몇 명이 사무실을 빠져나간다
아직 간택되지 못한 노동자가 많다
일하러 가야 한다
절박한 표정과 거친 숨
고개를 떨군 노동자

오늘도 꽝, 아침 해가 떠오른다

실업자

겨울 바람이 차갑다
밤 잠을 설쳤다
늦은 아침 눈을 떴다
아내는 밥상을 차려 놓고 출근 했다
방안에 냉기만 가득하다

시 집 을 읽었다
눈물이 났다
가슴이 아프다

오후
햇 볕이 따뜻하다
공사현장에서 일하다 퇴근하고
집에 올 아내에게
따뜻한 밥 상을 차려주고 싶었다
시장에서 갓 구워낸 호떡을 샀다
꽁꽁 언 동태 한마리도 샀다

서쪽 하늘 끝으로 해가 사라진다
어둠이 몰려 온다
아내가 왔다
집안에 온기가 가득 하다
호떡 먹는 아내 얼굴이

하얀 꽃 되었다
얼끈한 동태탕이
춥고 멍든 가슴을 달래준다

피곤에 지친 아내
곤히 잠들었다
방 불을 끄고
한참을 뒤척이다
눈을 떴다
어제 새벽 처럼
밥 상을 차려놓고
아내는 출근하고
빈방에 홀로 남았다
온기없는 방
내 나이 육십

산다는 것

추운 겨울 새벽
인천 송도 바닷가 공사 현장
어둠은 아직 길바닥 위를 헤집고 다닌다
동쪽 하늘
태양이 부스스 눈을 비비며 아침을 알린다

포클레인, 덤프트럭 옆에서
빨간 유도봉 들고
바쁘게 신호하는 유도원

겨울 바람에 두 손은 얼어버렸다
안전화 밑창에 달라붙은 얼음 흙덩어리

꽁꽁 감싼 안전모 사이로 서리가
내려앉았다

바닷바람을 이겨낼 방법은 오직 하나
따스한 봄이 온다는 진실과 희망
온 세상 밝게 피어나는 벚꽃을
좋아하는 아내
나도 공사 현장 노동자

2부

가족이라는 이름으로

오만원

한겨울 새벽 공사 현장
일하고 돌아온 아내
따끈한 미역국으로 밥을 먹고 난 후
딸기가 먹고 싶다고 한다

어두운 얼음 동네
딸기 한 바구니 만 원
그 옆에 놓여 있는 곶감, 두 팩 만 원에 샀다
돌아오는 길
로또 두 장 만 원

딸기를 씻어 아내에게 주었다
맛있게 먹는 아내가 예쁘다
나는 곶감을 먹었다

배불러 그만 먹어야겠다며
딸기를 계속 먹는 아내가 고마웠다

유독 돈 버는 재주만 없는 나를 만나
함께 살아준 아내

조만간 취업할 날을 기다리며
주머니에 남은 돈 떨어지기 전에

재래 시장

일요일 오후, 북적이는 시장 골목
아내 손 꼭 잡고 무얼 먹을까?
뭐 먹고 싶은데?

갓 구워낸 도넛 하나
아내 한 입
나 한 입

시끌시끌 장 보러 나온 사람들 틈새 사이로
생선 파는 상인의 고함 소리
떡집 가판 위 정이 듬뿍 담긴 김이 모락모락 피어 오르는
콩가루 옷 입은 단정한 인절미가 눈짓한다

어릴 적 엄마 손 잡고 종종걸음
아내 손 잡고 혼잡한 시장 골목길
눈 쉴 틈 없이 빼곡히 진열된 상인들의 마음

푹 삶아진 족발에 막걸리 한 잔 하고 싶다고 투정 부리니
아내가 사준다

힘들고 피곤에 지친 육신
갑자기 힘이 솟는 로보트 태권 V 되어
아내 옆에 딱 붙어 따라다녔다

강화 가을 고구마

큰 처남 죽은 지 일 년
"나는 아직도 믿기지 않는다
금방이라도 문 열고 들어와
농사일 해줄 것 같다고" 하신다

올봄에도 감자 심고
"아들이 죽었구나" 하시더니

고구마 심기 전 아들이
올 것 같아 강화장에 나가 사 오신 고구마 순
내다 버리기엔 장모님 속상해 하시고
작아 보이던 밭이 왜 그리 넓은지
가족 모두가 투덜거렸다
더 이상 농사지으면 안 된다고 했더니
장모님 하늘 보며
"나는 큰애가 불쑥 올 것 같아" 하신다
장모님
"어쩌냐 고구마 캐야 하는데"

"니들 힘든 것 보니 내년엔 농사 안 짓는다" 하신다
"나 뭐하고 살지"
"에구 이놈아"

돌아오지 않을 큰 처남을 또 기다리신다
가을이 익었다
산기슭 밑 오래된 집
장모님 홀로 두고
가족들 모두 회사 출근한다고 가버렸다
장모님
홀로 모습
바람에 떨어지는 낙엽 되어
가슴에 쌓인다

겨울 천안 역

하얀 눈이 쏟아졌다
바람도 세차게 불었다
직장인 퇴근 시간에 맞춰
휘몰아치는 눈 폭탄에 천안역 주변은 아우성이다

길이 안 보인다
눈을 뜰 수가 없다
눈 폭풍이 온몸을 파고든다
길가의 가로등이 휘청인다
퇴근하고 올 자식이 걱정되었다

숨을 헐떡이며 집에 온 자식의 모습은 눈사람이다
얼굴이 퍼렇게 질려 있다
안쓰러웠다, 웃기기도 했다
따끈따끈한 어묵탕, 조기구이 늦은 저녁밥을 먹었다
초고속 엔진을 부착한 듯 저녁 시간이 금방 지나간다

아침 5시에 출근하려고 기상하는
자식 눈에 졸음과 피곤함이 묻어있다
어제 밤새 내린 눈 때문에
출근길이 걱정이다
어두운 새벽길

엄마

어둠이 내려
적막한 길
한낮 휘몰아치던
바람도 잠든 것 같다

어두운 골목 안쪽
시골 성당
마당 한켠에
성모 마리아
홀로 빛나고 있다

하늘나라
천사 되신 엄마를 보았다

"엄마 엄마 엄마"

웃고 계신 엄마
성호를 하고
엄마를 두고
돌아서는 나

꼭

"밥 많이 먹고 가
너 밥 먹는 거 보고
엄마 출근해도 안 늦어"
"고속도로 휴게실에서 사 먹을 게"
"그러지 마, 얼른 밥 먹고 가"
"괜찮다니까"
"알았어, 조심히 가"

"다음 올 때는 엄마가 해주는 밥 꼭 먹고 가"

3월 연휴 마지막 날 아침
막둥이 아들

그렇게 떠나고
엄마가 만든 아침밥은
식탁 위에 남아…

아침 밥상

늙은 형제 넷
누나의 빠른 손놀림으로
한 상 가득
아침 밥상이 차려진다

천사 되신 엄마
막내인 내 옆자리에 앉으시며
어깨를 두드려 주신다

엄마 정이 가슴속
아련하게 피어오른다

도란도란 옛날 추억들이
아침밥상에 올라오니
풍미가 가득해진다

봄이 왔네요

3월 중순 봄 햇살이 거실 창 문턱에 걸터앉아
따스한 미소로 웃고 있네요

우리 형제에겐 지난겨울은 매서운 한파였지요
그럼에도 잘 견뎌냈고
몸 건강하시니 감사해요

오랜 겨울 바람은 지금 봄 저녁 하늘
붉은 노을을 바라보려 한 게 아닌가 생각됩니다

나만 힘들고 어려웠던 겨울이 아니었고
겨울 찬 바람은 세상 모든 이의 시련이었지요

이제는 웃으면 좋겠습니다
가슴속에 박혀 있는 시퍼런 얼음을 꺼내어
냇가에 흘려보내고 그 자리에 꽃씨를 심자고요

"너네 형제들 사이좋게 지냈으면 좋겠어"

천사 되어 하늘나라 가신 어머니의 유언이
막내 가슴을 때리네요

자목련

조용한 들녘, 겨울 내내 시련을 참고 견디어
봄 햇살을 맞이하는 초록 잎새 하나

행여 밟힐까 조심조심 걸었다
초록 잎새의 고단한 여정을 알기에

온몸으로 다가오는 봄의 향연
쾌청한 하늘, 구름 한 점
날갯짓하며 웃고 계신 어머니

"막내야 형제들에게 연락해 만나보렴
너 힘들다고 말하지 말고"
"형 힘들었지" 하며
"형 누나 한 번씩 안아주렴"
"너를 사랑하며 힘들었던 형제들이 좋아할 거야"

가슴에 쌓아둔 아픔들이 엄마의 속삭임에 녹아
막내 얼굴에 뜨거운 눈물은 연기되어 하늘로 날아가
어머니 계신 곳에 머물고
착하고 착한 예쁜 봄 소녀 같은 나의 엄마
내 가슴에서 목련꽃으로 피울게요

자목련꽃으로

환갑 지난 어느 날

나는 행복하게 살고 싶었습니다
하루를 열심히 일해야 했습니다
아무리 일해도 별로였습니다
학력이 높거나
기술이 뛰어나지 못했기 때문입니다
다섯 가족 먹고 살기에는 부족했습니다
어떻게든 살아야 했지요

어느 가을날
저녁 야시장을 딸 부부와 함께
걸으며 소소한 대화를 하는데
가슴에 행복이란 단어가
피어오르더군요
그때 그 행복은
말로 표현할 수 없었습니다
딸 부부가 선물해준 행복에
감사했습니다
정말 고맙더라고요

행복은 멀리 있는 게 아니라는 것
행복은 거창하지 않다는 것
행복은 작게 피어오른다는 것을
환갑 지나 알게 되었습니다

요즘은 매일 행복하고 감사하게
살고 있습니다

아내는 이른 새벽부터 공사 현장에
출근해서 일하는데 한 달에 한 번 쉬는 게 쉽지 않아
참 안쓰러운 마음입니다
그래서
몇 년 더 일해야겠습니다
돈 모아서 아내랑 행복하게 살고 싶습니다

또 한 가지 바람이 있습니다
형제들과 못 나눈 정
사랑한다고 말하고 싶네요
개망나니 막내여서 미안했습니다
죽는 날까지 아니 영원히
내 형제여서 고맙다고 말하고 싶습니다
누나한테 예쁜 옷, 예쁜 신발도 선물하고 싶네요

같은 하늘 아래

우리는 형제입니다
어느덧 우리도 늙었습니다
젊은 날엔 바람처럼 살았지요
허우적거리며 하루를 넘기고,
아이들 키우며 숨 고를 틈도 없이
삶이라는 강물에 휩쓸려 떠내려갔습니다
그 시절, 우리는 서로를 잊은 게 아니라
그저 너무 바빴던 겁니다

밥벌이에 지쳐,
밤이면 지친 몸을 눕히는 것만으로도
하루를 다 살아낸 듯했지요
그러나 지금, 우리의 아이들은 어른이 되었고
각자의 길에서 제 몫을 다하고 있습니다
그들을 바라보며 조금은 안도하고, 조금은 허전합니다

이제야 비로소 우리에게 시간이 생겼습니다
그 시간은 단순한 여유가 아니라
삶이 우리에게 건네는 마지막 선물입니다

그러니, 얼른얼른 만나야 합니다
서로의 얼굴을 보고,
지난날의 고단함을 웃음으로 풀어내야 합니다

그 시절의 눈물도, 지금은 추억이 되어
우리의 가슴을 따뜻하게 데워줄 테니까요

우리의 가슴엔 말 못한 상처들이 있습니다
누구에게도 꺼내지 못했던
멍든 마음이 고스란히 남아 있지요
그것을 서로 달래주어야 합니다
그냥 내버려두면
그 상처는 우리를 더 고독하게 만들 테니까요

그리고 언젠가, 누군가 먼저 떠나게 되더라도
"잘 가"라고 말할 수 있도록
지금 이 순간을 함께 살아야 합니다
죽음은 두려움이 아니라 멋진 마무리여야 합니다

근사한 이별을 위해 우리는 지금,
같은 하늘 아래에서 삶이 우리를 멀어지게 했지만
지금 시간은 다시 우리를 가까이 이끌고 있습니다
그 끈을 놓지 말고 서로의 손을 잡아야 합니다
그 손이 우리 형제의 마지막 인사가 되기 전에
현실의 욕심을 버리고 어린 철부지 시절로 돌아가
냇가에서, 꽃 길 뚝방에서, 물장구 치고
아카시아 꽃 따 먹으며 킥킥 웃으면 좋겠습니다

막내 가슴에 멍든 사연을 풀고 싶습니다

봄 날 홀로

다 큰 애들 셋은 지방에서 직장 다니고
아내는 꼭두새벽 공사 현장 출근하고
늦잠 자고 일어나 창문을 여니
봄바람이 훅 방으로 들어와
게으른 나를 채찍질한다

냉장고 열어 럭셔리한 밥상을 차렸다
한우 스테이크, 샐러드, 계란 프라이
오렌지, 잘 구워진 식빵
맛있다, 멋지다, 심심하다, 외롭다
봄바람이 쓸쓸하다

멋지게 차려진 음식
아내랑 같이 먹지 못해 가슴이 아프다

내가 더 열심히 일해서
아내가 꼭두새벽 출근하지 않게 해야 했는데
남겨진 맛있는 음식이
한심한 눈으로 나를 바라본다

3월 중순 점심
멋지게 먹고 싶어 만들었는데
젠장

엄마를 닮은 누나

천사 되어 하늘나라로 가신
엄마를 닮은 누나

엄마도 누나도
방황하며 갈등하는 내게
사랑한다고 언제나
말해주었죠
그 사랑 이제 돌려줄게요

사랑한다고 말해줄게요
엄마 사랑해요
누나 사랑해요
내 가슴 아프네요
사무치네요
진작 말해줄걸 후회되네요
사랑해요 사랑해요
가여운 나의 어머니
예쁜 나의 누나여
감사해요
참사랑을 알게 해준 그대들
사랑해요
이 세상 모든 것 사랑할게요

부부여행

앞만 보고 서둘러 가야만 했던
쉼 없이 보낸 세월 끝에는
얼음장 같은 퇴직과 실직

누구에게나 평등한 진실
지금 이 순간
유쾌하고 알차게 보내야겠다
볼 것 다 보고
미처 못 본 것 있나 살펴보고
들려오는 소리 빠짐없이 다 듣고
반드시 들어야 할 소리가 있다면
잠시 시간 내어 들어주고

아내랑 투닥거리다
보낸 세월 아쉬워
겨울 여행을 나섰다

사연 많은 바다 세찬 바람이
우리 부부의 애틋한 정으로
딱 붙게 만들어주었다
깊은 바다보다
더 깊은 정이 서로의
가슴에 파도 되어 넘실거린다

마치 록 음악이 울려 퍼지듯
35년 함께한 시간들

천천히 아주 느린
우리 부부만의 시계를 만들어
서로의 손목에 끼웠다
서두르지 말자고

전라남도 완도 항구
화려한 불빛들도 잠들고
칠흑의 어둠 속 끝자락
등대 불 반짝여
어부를 인도하듯

어둠의 시간
서로의 가슴
반짝이는 사랑의 불빛을 보다가
잠들었다
동 트는 바다의 아침을 꿈꾸며

어머니

이제 부를 수 없는 어머니
마음속 남 몰래 부르네요
남 몰래 눈물 흘리네요

하늘나라 천사가
되어 내 곁에 계신 어머니

매일 아침저녁 조그만 탁자 위
성모 마리아, 성경책
촛불 켜놓으시고
묵주 팔찌 두 손으로 꼭 쥐고
기도하시던 어머니

문득문득 제 가슴에 찾아오시는
어머니
막내야 막내야
어깨를 토닥여 주시는
어머니
당신 위해 기도합니다
천사 되신 어머니
사랑합니다

복

정성으로 차려진 밥상을 받고 울컥해진다
매일 새벽 밥상을 차려두고 출근하는 아내

잘난 거 하나 없는 남편을 왜 그리 떠받드는지
한결같이 남편과 애들 뒷바라지에 여념이 없고
말도 없고 불만도 없고
타박도 없고, 욕심도 없고
흔한 화장품조차 바를 줄 모르는 건지

아내는 여자의 모든 것을 포기한 듯
봄날 꽃구경도 마다하고 출근하고 집안일 하고
그렇게 평생을 살겠노라
다짐한 것 같다

남편인 나는 세상 부러울 게 없다
이런 아내를 만나
한평생 살다 보니

아내가 하는 말이 생각난다
장인의 죽음이 너무 불쌍했다며
자기 남편을 불쌍하게 하고 싶지 않다고

어휴 열 받어

20살 된 막둥이 생일
군대 간 아들도 때마침 휴가 나오고
우리 집 식구 오랜만에 한자리에 모였다
아내랑 재래시장 북적대는 빈틈을
오가며 첫째 딸은 간장게장
큰아들은 제육볶음 막둥이는 닭강정
양손 가득 장 보고

애들 어릴 적 기억들 하나둘 꺼내
밥상에 올려놓았다

애들 어릴 때 밥 먹는 모습에 힘내고
으 으   하자 했다
돈 버는 일이 힘들지 않았다
말썽꾸러기 애들 뒤치다꺼리가 즐거웠다

모두 성인 된 자식들
한자리에 모여 밥 먹기가 쉽지 않다
뭐가 그리 바쁜지 별 잘난 것도 없구먼

애들 어릴 적에 작성한 채무 약정서
이제 성인들이 되었으니
채무 변제 계획서를 제출하라 했더니

셋 다 하는 말
갚을 수 없다 입에 개거품 물고
왜 갚아야 하냐며 따진다
완전 오리발이다
분명 어릴 땐 꼭 갚겠다 했었다

그때 믿지 말았어야 했다
자식을 믿었던 우리 부부 바보 됐다
자식들한테 돈 받을 것 같아
노후 준비 하나도 안 했는데
채무 각서 하나 딱 믿고 있었는데
아무리 생각해도
법밖에 믿을 게 없겠다 싶어
니들 고소한다 으름장 놓았더니
맘대로 하라며 더 큰소리친다
아뿔싸
우리 부부 폭삭 망했다

노동자 DNA

할아버지 할머니
군산 외항 앞 산 중턱에
허름한 초가집 짓고
6남매 키우며 겨우겨우 살았다 하신다

아버지 어머니
서울 변두리 셋방 전전하며
4남매 초등학교도 졸업 못하고
허구한 날 빈 밥그릇

할아버지 할머니 친척들도
아버지 어머니 친척들도
우리 형제들과 조카들도
겨우겨우

큰딸 시집간다고 날짜 박아놓고
우리 부부에게 통보하는 날
해준 것도 해줄 것도 없는 빈손
자식들 눈을 마주 볼 용기가 나지 않았다

겨우 밥 먹고 살기 바빴단 말로는…

지난날 나의 무능한 노동
좀 더 열심히 노동했어야 했는데
좀 더 영악하게 살았어야 했는데

3대 부자 없고 3대 가난 없다는
옛말은 틀린 것 같다

우리 애들 셋도 노동자
이쯤 되면
우리 가문 노동자 DNA

"그래도 우리 부부 사람 노릇하며 살아왔잖아"

여보야
큰딸 시집가고 나면 우리 여행 가자

애들한테 모든 것 맡겨두고

여름과 가을

가을이 눈에 보인다
우리 집 방바닥에도 찾아왔다
아내는 여름옷 집어넣고
가을, 겨울옷 꺼내 놓았다

어디 갔나 했던, 보이지 않던 모기들이
윙윙거린다
형광등 켜면 사라지고
다시 형광등 끄고
잠들라치면 모기들이
피 튀기는 전쟁을 부른다
큰아들 눈두덩이가 벌게졌다
모기가 기습 펀치 날리고 도망갔다
반드시 모기 잡아 복수하겠단다
사라져야 할 모기가 가을과
한판 승부를 내려는 듯
우리 가족을 괴롭힌다

준호네 가족

큰딸 하나
아들 둘
사위 하나
며느리 하나
예비 며느리 있다 없어짐

모두 성인
모두 직장인
모두 바쁘다

두 달에 한 번 모이는
가족 모임
다들 시간에 갇혀
밥 한 끼 먹는 게 어렵다

또 하나 준호네 가족엔
어린이가 없어
어린이날도 없고
꽃 달아주는 어버이날도
성탄절 트리도 없고

우리 부부는
늙어가는 중

딸

고마워
슬퍼하지 마
넌 아빠에게 힘이 되어준 딸이야
네가 예전에 농담처럼 말했던 거
기억하지?
아빠가 병들어 아무 것도 할 수 없을 때
어떻게 할 건데?
그래서 아빠가 정말 아무 것도 할 수 없기 전에
미리 너에게 글이라도 써놓아야겠다고 생각했어

갓 태어난 너는
눈도 뜨지 못하고
아빠 가슴에 처음 안겼을 때
아주 작은 두 손은 주먹을 불끈 쥐고
너와의 첫 만남은 아빠한테 힘내라는
응원의 함성이었어
아빠의 변변치 못한 직업으로 인해
지방에서 일을 했지
어느 날 퇴근 후 공중전화 수화기로
"아빠"라는 소리를 처음 들었을 때
심장이 터질 것 같았어

아장아장 걸음마를 떼고 아빠랑 슈퍼 갔을 때
200원짜리 껌 하나를 집더니
너의 손에 있던 50원짜리 동전을
계산대 위에 놓고 당당하게 나가던
아주 작은 꼬마 아가씨
슈퍼 주인과 아빠는 배꼽 잡고 웃었지

여기저기 돌아다니며 일하는 아빠의 직업 때문에
너의 어린 기억이 많지 않아 늘 속상했어

그런 속에서도 넌 씩씩하고 야무지게
잘 컸고 아빠도 늙어갔지
너하고 나 고작 24살 차이야
두해 띠 동갑내기

돌이켜 생각해보면 너는 네가 알아서 어른이 되었고
아빠는 해준 게 없는 무책임 아빠였어

너의 잔소리가 아빠는 정말 좋았어
틀린 말이 아니었어

네가 태어나 아빠가 사람 된 것 같아
딸 사랑해
영원히

설레임

내 나이 예순 셋
50년 동안 쌓인 사연들
잔잔한 음악 소리처럼
다가와 내 가슴을 두드린다

서럽게 간직해 온
상처 입은 마음에
썰물처럼 감정이 밀려와
하얗게 부서져 흩어진 지난날

한마디, 한 문장을
가슴속에 새기고
살아가기 위한 현실 앞에
출퇴근이 먼저여야 했던
그 기다림의 끝에
마침표를 찍기로 결정한 지금

나는 글쟁이다
50년의 세월
가슴에 박아두고 간직했던 꿈

일기

올봄에 너무 비싸서 담가주지 못했던 간장게장
장모님과 아내가
흰 쌀밥 한가득 잔치를 벌였다
빨간 고추, 파란 고추, 마늘들이
잘 절여진 간장게장 위에서 춤을 춘다

세상 부러울 게 없는 표정
이미 늙어버리신 장모와 늙어가는 아내
한 밥상에 마주 앉아
사위가 담가준 간장게장 하나에
연신 맛있다며 좋아라 한다

내년 봄에도 간장게장을 담가 장모님과 아내에게
자랑스러운 사위
사랑스러운 남편이 되도록 해야겠다
땀 흘려 일한 행복
내 안에서 용솟음쳐 오른다

전쟁

저녁 되면
아내는
내일 아침 남편 출근과
아이들 학교 보낼 준비로 바쁘고

나는 오늘 작업의 피곤을 풀고
애들은 오늘 숙제를 풀고
아내는 오늘과 다른 내일을
빠짐없이 챙기고 잠을 청한다

새벽은 언제나
어둠을 이겨낸 준엄한 장군
더 자고 싶은 잠을 깨운다
우리 가족은 장군의 명령을
거부할 수 없는 쫄병 되어
나는 일터로
애들은 학교로
아내는 장군의 참모 되어
새로운 내일을 궁리한다

아버지 어머니

가족을 챙기지 못한 아버지의 무언의 가르침
"더럽게 번 돈으로 가족을 지키지 마라"
"성실하게 일한 노동의 대가로 가족을 지켜라"
"하루 밥 세 끼만 먹을 수 있으면 된다"
"욕심 부리지 마라"
"형제들과 사이좋게 지내라"
어머니의 유언이
가슴에 박혀

가족을 책임지고 싶었다
결혼하면 부부 싸움 하지 말자고
아내와 약속했다
아이들 밥 안 굶기겠다는 각오로
살았지만

60년 넘게 살아온 뒤를 돌아보니
때묻은 더러운 돈의 유혹을
뿌리치지 못하고
어리석음과 탐욕으로
가득 찬 내 인생

참외

이른 봄 문턱, 큰아들이 택배로 보내준
참외가 문앞에 도착했다
별 생각 없이 그냥 먹고 싶었던 아삭한 식감
시원하고 깔끔한 단맛, 상상했던 맛

하루의 고단함이 싹 사라진다
고마운 생각
가슴속 깊은 미세한 혈관을 타고 심장에 머무른다

늙어가는 나
바쁘게 살아가는 어른이 된 아이들
뇌경색으로 죽어가던 머리가 시원하게 맑아온다

아직은 아직은 힘이 솟는다
죽기 전까지 아이들한테 보탬이 되고 싶은 마음
하루에 한 개씩 일주일 동안 먹은 행복했던 참외

마지막 남은 한 개의 참외가 유독 노란빛을 띠고 나를 본다

가슴을 때린다
아이들, 아빠, 어른, 무작정, 무책임, 무능력
지금부터라도 잘하고 싶다

허투루 하루를 보내지 말자
나를 위해
아내를 위해
아이들을 위해

봄
노란빛 참외

아내에게

매일 아침 당신의 정성으로 지은 쌀밥을
내게 평생 바치고
아이 셋 해진 옷을
바느질하는 당신 모습
양손 가득 애들 먹을 거 들고
계단을 가뿐히 오르던 시절

숨 가쁘게 흘러간 세월

우리 발아래 펼쳐진 노을진 바닷길
파도가 삼킨 발자국 하나하나가
모래알 속에 쓴 편지 되고
손깍지 낀 그 온도가 철길 끝까지 녹아내리네

식탁 위에 흐르는 맑은 국물처럼
쉼 없이 쌓이는 추억들
한 입의 뜨거움으로 굽은 등허리 펴는 시간들

프러포즈란 이름의 씨앗을 주머니에 넣고
천 번 넘게 만지작거리다가
네 눈동자에 비친 내 모습
갑자기 철길 위 기차 소리 되어

이제 우리 부서진 유리창에 새 잎사귀 물들이고
허기진 창고에 쌓인 별들을 한 알씩 깨물어 보자

살구빛 노을이 강물을 적시는 날
발목까지 차오른 저녁 향기 속에
두 개의 그림자가 길을 묻고
한 개의 대답이 돌을 던지듯

아픔은 발밑 모래성으로 쌓아
파도에 맡기고
우린 오직 서로의 그릇에 담긴 밥풀 위로
새벽 이슬을 기다리며 두 손 꼭 잡고

사랑해 여보야
고마워 여보야

개인택시 1

큰 형이 개인택시를 샀다
번쩍번쩍
빛나는 개인택시
큰 형이 자랑스럽다

온갖 고생 다해가며
빚까지 내서
옛날처럼 큰돈 벌 수는 없겠지만
겨우 먹고살겠지만

더 늙기 전
어디 가서 천대받지 않고
진상 손님도 있겠지만

든든하다
왠지 내가 부자가 된 듯
큰형의 개인택시
보기만 해도 좋다

올봄
오늘 하루
기분 좋다

개인택시 2

우리 큰형이 착해졌다
개인택시 사더니 열심히
돈 벌려고 골목골목 누빈다

큰 형수가 좋아하는 외식도
우리 부부랑 같이 초밥 정식도 먹고
큰형이 돈을 낸다

그 돈을 벌려고 얼마나 고생했을까

개인택시 바퀴에 불이 나야
우리 큰형 하루를 산다

가족 사랑이 무너지지 않도록
애쓰는 큰형
나를 사람으로 거듭나게 한다

힘의 원천

수화기 너머로
첫 딸의 목소리
"아빠"
내 아가는
힘든 역경을 이겨내어
존경받는 어른이 되고
아빠는
아직도
건설 현장 일용직 늙은이
아주 오랜 세월이
흘러도
깊은 가슴속에 남아 들려오는 소리
"아빠"
"멋진 딸"
"고마워 사랑해"
여름 한낮
뜨거운 태양
크레인에 매달린
철골에서 들려오는
우렁찬 소리
"아빠"

내 이름은

동네 시장에 가서 티셔츠 하나 사고
운동화도 사고
천 원짜리 새 양말도 사고
갓 구운 도넛 세 개,
이 중 하나를 꺼내 먹었다
두 개 남은 도넛은
집에 와서 아내와 나눠 먹었다

내일 새벽,
우리 부부는 공사 현장으로 출근한다
6일 일하고 일요일 하루 쉰다
가끔 일요일에도
쉴 수 없을 때가 있다
알뜰히 돈을 모으면
쓸 곳이 생겨 금세 빈 주머니가 된다
자식 셋도 직장에 다니고
우리 부부는 악착같이 돈을 모은다
낭비하지 않고
그 돈 모아 어디에 쓸까?

작은형

형 힘들게 해서 미안해
못된 동생 품어줘서
형 고마워

얼마 전 형이 아프다는
말 들었을 때
하늘이 캄캄했어

형 아프지 마
건강 챙기고
사랑해

3부

나에게 길을 묻는다

길을 읽고 헤매이는 청춘

알람이 터진 압력 밸브 사이로
새벽이 뽑힌 이빨처럼 무너져내린다
출근길 버스 창가에
캔 음료의 금속성 분진이
혀 밑에서 피 맛으로 발효되는구나

교차로 신호등이 삼십 대 척추를
한 뼘씩 짓누를 때
스마트폰 알림 속 미결제 청구서들이
눈동자에 서린 이슬로 맺힌다

점심시간 계단참에서
주워 담은 햇빛 조각들
손으로 녹아내려
키보드 위 굳은살을
적시는 유기용제
채팅창에 갇힌 웃음은
폐쇄회로 카메라처럼
흑백의 잔상만 남기고

퇴근 후 편의점 전자레인지가
데워주지 않는
추억의 온도를 재는
손가락 끝에
스티로폼 컵의
영하 18도가 각인된다

밤길을 걷다 문득
발밑 그림자가
내 몸무게보다
두 배는 더 무거운 걸 깨닫는 순간
진동하는 핸드폰 속
친구의 읽지 않음 한 개가
한 알의 비타민으로
목구멍을 맴돈다

잘익은 붉은 사과

주왕산 기슭
겨울 아침
찬바람이 맛있다

시원하게
달콤하게
상쾌하게

온몸 파고드는
싱그러운 기운
깊은 산속
솟구쳐 오르는 정기
뼈 속으로 스며든다

고단한 삶 현장 떠나
아침 댓바람
얼굴 맞으니
잘 익은 붉은 사과
마음도

바람의 소원

겨울 끝자락
따사한 햇볕
어지러운 빌딩 숲

바람이 고향 가는 길을 잃고 헤맨다
골목 사이사이 높은 빌딩들
바람은 벽에 부딪혀 울부짖는다

많은 사람들
아무도 바람의 소리를 들으려 하지 않는다
다가오는 바람을 피해 황급히 달아날 뿐

어둠이 내리기 전
날이 밝을 때 길을 찾아야 한다

바다가 있는 곳으로
평온한 바람이고 싶은 간절한 마음

도시의 빌딩들
틈새를 벗어나려 발버둥쳐 보지만
결국 돌아 제자리
바람이 서럽게 우는
덕수궁 돌담길

하정이 꽃

들녘에 핀 정이 꽃 한 송이
밤새 흘린 눈물 한가득 머금어
별빛에 반짝이는 보석이 되었네
고왔던 잎 마디마디 굳은살 박힌 걸 보니
강철로 살았구나
서슬 퍼런 바람, 피눈물로 굳건히 버틴
너의 잎마디의 지문도 사라졌구나
모진 세월, 모진 바람 이겨낸
들판에 홀로 핀 고운 꽃

울지 마라 예쁜 꽃아
이름 없다 슬퍼 마라
찾는 이 없다고 외로워 마라
네 눈물 닦아줄게, 네 이름 불러줄게
잡초 무성한 들판
너 홀로 고운 빛깔 꽃 되었으니
서러움 달래렴

온 들판 가득 메아리치는구나
하정이 꽃

예쁘네
참 곱네

나의 하루

오늘 하루를
아무리 따져 보아도
죄 짓지 않고는
살아낼 수 없음을 고백한다

단 하루만이라도
죄 짓지 않고 살 수 있다면
내일 또 죄 지을 일에
몸서리쳐지지만

그래도
살아야 한다
당연히 죄 지을 것을 알지만
얼굴 들고 하루를 산다

내가 아닌
네가 나를 용서하기에
가슴에 손을 얹고
떳떳한 보람의
하루이고 싶다

새로운 봄

어서 가소서
가려던 길 멈추지 마시고
때늦으면 안 됩니다
그대는 가셔야 합니다

손발 아픈 시련
주신 엄중한 당신

황량한 대지 위에 신명 난 푸르름을
우리는 누려야 합니다

우리 형제에게 가혹한 세월 거두어 주시고
꿀벌들의 합창을 들려주소서

당신을 믿습니다
진실을 믿습니다

호수 위 청둥오리들
한가로운 유영
굳은살 박힌 손 잡고
화려한 꽃들 만발한
곳으로 가야겠습니다

명품

60년 넘게 이어온 왜곡
누군가에 의해 굳어진 왜곡은
남극의 빙하가 되어버렸지

차가움을 넘어 모든 세상
얼음 덩어리가 되어 진실이 갇혔어

세월은 어른
환갑이 지나 눈을 떠보니
머릿속에 갇혀있던 분노가
녹아내려 가슴을 붉게 태우고

나는 불행하지 않았소
나는 한글도 몰랐던 어린 시절
바보가 아니었어

나는 몸으로 일했어
나는 장가도 가고 아이 셋도 키우고
나는 세계의 유일한
명품임을 알게 되었지

미션 임파서블

아내가 카톡으로
보내준 모바일 상품권

마트 한구석에 자리 잡은 기계 앞
바코드 스캔 후 출력
상품권 금액에 맞춰
한우 등심, 식빵, 샐러드, 딸기 등
휙휙 돌아가지 않는 두뇌 회전
계산원의 복잡한 질문
적립, 세금 계산 하나하나 완수
카페에서 또 기계 앞
음료, 샌드위치 주문
디지털 시대의 완벽한 적응

차분하게 두려움을 이겨내고
주차장을 빠져나왔다

我(나)

이제야 해가 떠오른다
철야 작업을 마치고
거울 앞에 섰다
먼지 묻은 작업복
지친 눈빛
피곤이 얼굴에 쌓여 있다
왜 철야 작업을 해야 하는지
내 몸 걱정 뒤로하고
임기 내 공사 마무리 때문에
철야 작업 거부할 권리도 없이
밤새 일을 하고
거울에 비친 내게 미안해
쓰윽 웃어본다
무사히 퇴근할 수 있는 내게
감사하다

선물

60년 방황과 지독한 외로움
내 나이 환갑 지난 실업자
허물어지는 자존감 내 집도…
가난한 목구멍
없는 힘도 쥐어짜야 겨우겨우
하루를 살고
사계절을 버티며 그렇게 60년
이대로 끝내고 싶지 않은 마지막 불꽃놀이를 위하여
내 주변에 흩어진 온갖 상념들을 주워 모닥불을 피운다
번뇌의 불꽃 활활 타오르고
벌겋게 달아오른 숯덩어리
신음소리 하늘을 향해 날아오른다

낯선 이의 마음 하나가 내 마음에 내려앉는다
칠흑 같은 어둠 속에 갇혀 갈 길 잃고 헤매다
들려오는 목소리

시를 써라 마음을 써라
노래하라
목청 터지게 가슴에 수북이 쌓인 가난의 노래를
붉게 타오르는 모닥불에 태워라
준엄한 낮은 목소리

AI시대

성큼성큼 다가오는 너
숨 쉴 틈도 없이
변화를 넘어 진화하는 너
지난 45억 년의
영겁의 시간들
손편지가 낯설고
카카오 메시지가 더 편한 시대
세상 모든 것이 내 손안에 있어
이웃들과 정겹던 시절은 저물고
인간의 특권마저 가로채려는 너
너를 잠시 내려놓고
하늘을 본다
우리도 진화를 하자
더 나은 세상
공정한 세상
나눔의 세상으로
AI와 함께
지난번처럼 하지 말고

나는 누구?

있는 척, 없는 척
아는 척, 모르는 척
잘난 척, 못난 척

이러면 저런 척
저러면 이런 척

어쩔 땐 시치미 뚝
어쩔 땐 정의롭게

세상살이 척척척

못난 놈… 못난 놈…

그게 60년, 아주 깊게 반성합니다

멋진 하루

어느 시골
도랑의 물소리만 들릴 뿐
모두 잠들었다
닭의 울음소리가
새벽 종처럼 들려온다

필연인 듯 내 마음속에
자리 잡은 멋진 어른과
온 하루를 보내었다

긴 여정의 마침인지
긴 고행의 시작인지
답을 찾을 수는 없지만
한하운 시인의 문학관 시설물들을
정리하면서

60 넘은 세월 동안
혼란스러운 마음이 편안하다
갈 길 찾지 못해 두려웠던 시간들
어떤 글을 어떻게 써야 할까의
질문과 답을 찾아 나선
오늘 하루

밑천

다 떨어졌어
남은 게 없어
본전 생각에 악을 써보지만
점점 바닥만

세상 물정 모르고
철없던 시절
사랑 하나로
보증금 10만 원 월세 3만 원짜리
부엌 딸린 단칸방
아내랑 보세 공장에서 청춘을 보냈어

또 다른 희망의 새싹이
돋아날 때까지
그날을 위해
올 한 해도 무지한 노력을

팥죽

신포시장 골목 안쪽
모락모락 희뿌연 진한 보라색
가슴에 박힌 색깔

두툼한 외투, 푹 눌러쓴 모자, 마스크, 목도리
나뭇잎 다 떨군 바람이
내 몸 구석구석 헤집고 파고들 틈을 찾는다

버스 타고 내리면 옛날 그 모습 그대로 그 자리
주문하지 않아도 자리에 앉으면 팥죽 한 그릇
아직도 배가 고파 운다
입속에서 휘몰아친다

막 휘젓지 말고 천천히 떠먹으라는 주인 할머니
혹여 잊었을까 봐
올 때마다 한결같은 잔소리

오늘도 추억을 한 그릇 비우고
빈 그릇 빈 수저 그 자리에 놔두고

다시 또 오겠다는 말을 할 수 없었다
지천에 허덕이는 사람들

어른의 어른

어른의 어른은 세월
결혼하고 애들 키우고
직장에서 한자리하다 보면
자연스레 어른

어른에게 주어진 무거운 짐
아무도 건네지 않았지만
거부할 수 없이 받아 쥔 빛나는
계급장 뒤에 숨어있는 본능

어른의 어른은 정의
어른의 어른은 진리

하얀 도화지

절망의 바닥
희망의 창공

하얀 도화지 위 물들여가는,
나의 춤사위
모질게 살아온 수많은 역경의 세월
가시나무 새의 울부짖음
가슴에 쌓인 빈곤의 탈출을 위해
몸부림쳤던 출생

초록색으로 내 마음의 소리를 담아내어
새로운 세계를 꿈꾸려 한다

너는 나의 친구, 하얀 여백
어둠 속에 갇힌 나를
길 잃은 나의 손을 잡아준
하얀 도화지

진화의 바다

불확실성의 그림자
진실과 거짓 그 경계가 흐려져
이도 저도 아닌 상태
하나의 선택은 고통
결정의 순간
진보와 보수 두려움이 가슴에

무수한 경우의 수
고독한 마음
서로 껴안아 줄 듯 어둠의 시간들

넘쳐나는 정보의 태풍
혼란스러운 마음 한가득
미래를 예측할 수 없는
호기심의 뚜껑을 열어

신비의 세계, 정체성을 찾아
무한한 가능성 속에
길을 잃고 헤매더라도
우리는 계속 전진해야 하는 숙명

봄

따사한 햇빛이
하늘에서 내려와
온 땅 위에
비추니 꽃망울이
삐죽삐죽 고개를 내밀어
세상 구경하려 하네

바람결에 실려 온 사연들은
눈부신 계절의 편지가 되고

햇살이 품에 안은 새싹들은
푸른 음률로 지천에 피어나고
벚꽃 그늘에 앉은 쉼표 사이사이로
봄날의 호흡이 흐르는구나

물빛 노래로 젖어드는 오후
나뭇가지엔 미완의 시가 흔들려
한 줄기 빗물이 모음이 되고
흙 속에 씨앗은 꿈을 꾸네

첫사랑

쓰레기통 속에서 발견한 책 한 권
14살 소년의 호기심으로
차가운 골방에서
운명처럼 펼쳐진 페이지들

황망한 거리의 어린 시절,
외로움에 몸서리치며
부모 형제의 애절한 그리움으로
작고 여린 눈물이 흘러
내 가슴속에 스며드는 듯
어린 가슴에
낯선 감정이 피어올라

그때의 나
설렘의 꿈으로 다가온 순간
쓰레기통에서 주워 담은 꿈
60년 지난 지금도
별빛처럼
여전히 내 안에서 반짝거리네

번력(翻力)

힘없는 가냘픈 숨결들로 가득 찬 땅 위에
철골은 피 묻은 별이 되고
굉음 소리를 내며 뱅뱅 돌아가는
크레인 팔 끝에 매달린 H빔은
한 줄기 사연으로 지도가 만들어진다

밤새 켜져 있는 투광등 아래
안전모 쓴 노동자의 밤들은 마르지 않은
콘크리트 바닥에 나뒹굴어지고

망치와 펀치, 두드림의 리듬 위로
살아남은 이의 거친 심장 숨결이
죽음의 경계선을 지운다
죽어서는 안 되는 죽은 자의
비명 소리가 허공에 메아리친다

태양을 삼킨 발전소
세상 어둠을 밝히는 동안
땅속 깊이 파고든 한 방울 두 방울 쌓인
땀들의 원한
역사의 강줄기를 뒤집는다
어둠을 감춘 해맑은 미소로

사람

저는 사람을 좋아합니다
묵묵히 자기 일을 하는 사람
가정을 꾸리고 아이들을
사랑하는 사람

다른 사람들에게 배려하는 사람
차별하지 않고, 험담하지 않고
언제나 존중하려는 겸손한 태도와 따뜻한 말투
친절하게 행동하는 사람

세상의 비틀림도 조용히
차분하게 해결하려는 사람
잘난 척 안 하고
얼굴에 항상 미소가 가득한 사람
저는 그러지 못해 늘 속상합니다

한 사람 한 사람 모두 사랑받고 사랑하며
존중받고 존중되어야 할
우리 모두는 소중한 사람

동네 모퉁이바위

동네 한쪽 구석에
자리 잡은 바위 덩어리

꼼짝 않고
그 자리에
오랫동안 지나가는
저마다의
행인들이 한마디씩 내뱉는다

산에 있어야 할 멋진 놈이
제자리 못 찾고
이곳에 있으니
볼썽사납네

대화

말하지 않으면 아무도 몰라요
들으려 하지 않으면
누구와도 소통이 안 돼요

대화하지 않으면
모든 문제가 왜곡되어
다툼이 생기고
갈등과 분쟁으로 혼란스럽죠

말을 못하면 글을 써야 해요
말도 글도 안 되면
표정으로라도 갈구해야죠

아무 것도 못하는
이의 눈빛을 살피고
들으려 애써야죠

갈등과 분쟁 없는
평화의 세상
차별 없고 고통 없는
나눔의 세상을
꿈꾸어 보았습니다

두마리 토끼 잡다

하나는 가정행복
하나는 글쟁이
나 어릴 적 꾸었던 꿈들이
이루어져 간다
행복하다
아내랑 싸우지 않고
애들 건강하고
비 새지 않는 집에서
우리 가족 깔깔 웃음소리
늘 가슴에 품어왔던 꿈
봄바람에 가슴이 꿈틀거린다
망치 소리 중장비 소리는
내 심장
내가족 행복
하루 일 마치고
일당 챙겨 집 가는
발걸음 가볍다

비

잎새마다 맺힌 은빛 방울들
지층 깊은 뿌리로 흘러내려
화강암 틈새를 적시고

철망 사이로 스민 빗물은
경직된 단층을 녹이는 시간
승화된 수증기 속에서
광물 혈관이
다시 맥을 시작하네

폭풍우를 삼켰던 그 눈꺼풀
잿빛 구름이 스며들어
철근 콘크리트 틈에
자라난 잡초 싹이
지축을 흔들어대고
결국
하루 한 공수도
빗물

아날로그와 디지털

양자 세계의 신명나는 함성
옛날 구식 밀어내고
멋진 혜성과의 만남

0과 1 사이의 암호
엉킨 실타래
포기하지 마
새로운 영역으로 달려가
심우주의 깊은 바다를 헤엄쳐

측정의 순간, 운명이 결정돼
파동이 쪼개지고, 현실이 펼쳐져

양자 얽힘, 멀리 떨어져도
서로 연결된 듯, 하나의 고리처럼

정보의 혁명, 미래를 열어
큐비트의 힘으로 세상은 변화해

당신의 생각도, 이제는 양자
삶의 복잡함 속, 단순함을 찾아

시간의 숨결

지층 사이 굴곡진 이름들
화산암에 새겨진 초승달의 흔적
한 알의 별빛이 지구 탄생 전부터
공중에 매달린 먼지의 호흡을 배우네

부서진 유리창 틈으로 기어드는
태초의 바람 소리
뿌리 깊은 나무는 지금 막
수평선 너머 발을 내딛는 중

광합성하는 돌멩이들 사이로
소멸의 궤적이 씨앗을 묻고
진화의 강물에 젖은 발자국은
모래시계 속으로 사라지는 별자리

내 무릎에 서린 상처의 결정체
잔향처럼 피어나는 기쁨의 균열
시간이 흘러
모두가 지층이 될 때
한 줌의 인연이
지구를 도는 달처럼 떨리더라

잉크의 진실

펜 끝에서 굳어지는 밤은
종이 위로 피 흘리는 살인자의
발자국을 닮았습니다

글자 하나에 깨지는 유리창
그 틈으로 새어드는 별빛이
내 심장을 관통할 때
나는 세상의 공범이 됩니다

아스팔트에 새긴 단어들이
빗물에 녹아 고통의 강을 이루면
누가 그 강물을 마시게 될까요

가로등이 꺼진 교차로에서
낙서처럼 흔들리는 나의 그림자
붉은 잉크로 적힌 '저항'이라는 단어가
차가운 바람에 얼어붙습니다

때로는 말들이
상처에 박힌 가시가 되고
눈물을 짜내는 소금이 되죠
그래도 이 부서진 손가락으로
한 줄의 빛을 파보겠습니다

가을

올 것이 왔다
왔으니 가지 않았으면 좋겠다
겨울에는 추워서
여름에는 더워서
너는 내게 딱 좋다
돈 벌어 먹기도 좋다만
노동능력이 배가 된다
보람도 덩실 춤춘다

하루 목표량을 채우고도
시간이 남아 더 일했다

사장이
돈 더 줄 일 없지만
네 덕에 기쁨 안고
퇴근길이 즐겁다
우리 집 문턱에
주저앉아
푹 쉬었다 가라

들녘

부모 가진 것 없어
받은 것 하나 없다 했다
나 가진 것 없어
자식에게 줄 것 없다 했다
손주도 그러하겠지

짧은 머리 가만가만 세어보니
자자손손 그렁그렁 살겠다 싶다
별 잘난 게 없다
집 하나 장만하기 쉽지 않더군
한 해 두 해 계절이 바뀌어 가도
죽을힘 다해 뛰어봐도 쫓아가기는커녕
점점 멀어져 포기 아닌 포기로
살아야 하는 현실

저 넓은 들판 잡초
산 넘어 불어오는 바람 따라
서로 살을 부대끼며 아우성친다

울음소리
웃음소리
뒤엉켜
휘영청 달빛 속으로 사라진다

답

우리들 사는 게
답이 있나

답을 찾기 위해
우리에게
답이라 제시한 것도
우리의 올가미

우리에게 주어진
또 다른 답을 찾기 위해 허둥댄다
오답이 아닌
정답이기를 바라지만

결국은
우리를
공허하게 할 뿐
우리 답은
하루를 산다는 것

가면(假面)

누구냐
뭐하느냐
말하라
답해라

나는 너희 없이
아무 것도 할 수 없는
나다

나는 없다
나는 너희가 만들어 가는 대로
만들어질 뿐

나는 거짓 없는
진실이거나
진실 없는 거짓이거나

여정의 길목

하루가 하루를 더해 겹쳐진
까마득한 먼 옛날부터
아스라이 남아있는
생명의 소중한 흔적들

지금도
가슴 저리게 스러져
역사에 기록되지 못하는
바람결 쓸쓸한 촛불 인생

건설 현장에서
붉은 피 솟구쳐
콘크리트 바닥에 머리 찍고
쓰러져 깨진 안전모들이여

밤새 우는 돌덩이 위로
한 방울씩 스며드는
빛의 뿌리

재능도 없고
순하디순한 애처로운 눈 방울
죽을 수 없는 모진 목숨

온갖 잡것들에게 빼앗기고
수모당하다 병들어
고개 떨군 그대들이여

초승달 휘어지는 밤
잿빛 지평선에 새긴
손금의 골짜기마다
피어난 은빛 물 결정체
그것은 네가 간직한
모든 상처와 아픔들

죽도록 갈구한 행복
그대들 것이니
역사에 기록되리라

부디 행복하소서

어둠 속 한강물 위에서 춤추는
화려한 조명들의 주인은

바로 당신

선(善)악(惡)

지나온 나의 모습을 온전히 고백하오니 들어주소서
내가 가져야 할 것을 갖지 못하였기에 나는 악입니다
내가 갖지 말아야 할 것을 가졌기에 나는 악입니다

내가 보아야 할 것을 보지 못하고
보지 말아야 할 것을 보았기에 이 또한 악입니다

당신이 주신 수없이 많은 나날의 햇빛을
나 홀로 갖고자 이웃들과 다투고 나누려 하지 않은 내 욕심
그럼에도 난 악이 아니라 하고 있습니다

이런 나를 신이시여
용서해 달라 말하기조차 부끄럽습니다

햇볕 잘 든 바위 뒤편 그늘에서 하얀 꽃 하나가
나를 보며 웃습니다

남은 인생 가져야 할 것을 갖지 못한 이웃에게
내가 가진 것 나누며 살라고 말하는 듯합니다

악으로부터 벗어나고자
선이고 싶어 몸부림치는 나를 보아주소서

서민의 성찬

머슴이 날마다 밭을 갈아
꿈의 글씨로 씨앗을 뿌리고
출세라는 열매 맺지 못한 나무도
뿌리 속에 별빛을 품고 서 있으니

아침마다 부서진 유리창에
순교자의 그림자가 비스듬히 기대어
빵 조각 나누는 손끝에서
미사 전구가 타오르고

노동의 각주로 수놓은 달력
한 장 한 장 쌓아 올려
이름 없는 강물이 돌을 갈아내듯
역사의 갈피를 채우지

지하철 개찰구에 걸린 말랑한 안개
출근길 발걸음이 쌓인 터널 벽면
"우리가 곧 성전"이라
"백성이 주인"
"서민이 성인"

백성이 역사

재주 없는 농부

때가 되면
밭에 물을 주고
풀을 뽑고
거름을 주고
빗물 고랑도 내어주고

이른 아침부터
추운 겨울 이겨내려고
하얀 서리 토해낸 밭
아침 햇살 받아 눈부시다

잠들었던 녹색 냉이가 기지개를 편다
매년 땀 흘려 일하는데
넉넉히 채워지지 않는
고달픈 힘겨운 주머니
수입산 농산물